AF562159

L42
b
1145

L'an 4 de la Rép. Franç., le 29 Prairial.

AU CORPS LÉGISLATIF.

FABRICATION d'un nouveau BILLON BLANC, *plus parfait, en pièces de 10 et de 5 sols, (cinq décimes et vingt-cinq centimes) pour satisfaire au besoin des appoints dans les transactions journalières; et sa prompte émission dans* onze *Caisses, où tout le papier-monnoie pourrait être échangé à* Bureau ouvert; *avec offre de faire au Gouvernement toutes les avances nécessaires.*

Objet renvoyé à une Commission spéciale du Conseil des Cinq-cents, d'après un Message du Directoire-Exécutif.

JE sais bien que quand on propose un grand moyen de salut public, la timidité peut s'effrayer, l'ignorance clabaude, et le refus est plus facile que l'examen. . . . .

Rapport sur les monnoies, à la Convention Nationale, le 19e. jour du 1er. mois, an 2e.

AU mois de germinal dernier, le Directoire-Exécutif, dans un message au Conseil des Cinq-Cents, où il se plaignait des effets de la malveillance, ajoutait : *Si les mandats reprennent le crédit et la valeur qu'ils doivent avoir, la République sortira triomphante ; sans quoi, elle est menacée des plus grands malheurs !*

Depuis cette époque, le discrédit du papier-monnoie a été tel, que l'assignat de 100 liv. a été donné pour 3 sols ; et le mandat de même somme pour 3 liv.

Dans le même tems, les entrepreneurs et fournisseurs de la République remettaient de tout côté leurs soumissions, ou bien ils exigeaient d'être payés d'avance.

C'est ainsi que toutes les transactions commerciales se sont trouvées interrompues ; les manufactures arrêtées ; les subsistances de première nécessité portées à des prix exhorbitans ; et le Gouvernement forcé de tout côté à des négociations usuraires, qui ont enrichi à ses dépens, de la manière la plus scandaleuse, tous ceux à qui il a été obligé de s'adresser.

Enfin, un Décret a ordonné que les coupures de petits assignats seraient remboursées en petite *monnoie de cuivre ;* et d'un côté, le mode adopté pour le remboursement aurait exigé plus d'un siècle ; tandis que, de l'autre, ces pièces de cuivre ont été fabriquées de manière qu'en coûtant à l'Etat 20 pour 100 au-delà de la valeur du cuivre qu'il fournissait, elles ne présentent pas dans leur exécution le tiers de la grandeur que les anciennes avaient, et elles ont été ainsi entièrement discréditées, presqu'aussi-tôt qu'elles ont parues.

C'est au milieu de cet embarras sans exemple de nos finances ; c'est lorsque le bien que devraient produire les succès étonnans de nos armes, se trouvait ainsi paralysé par le désastre intérieur et extérieur de nos relations commerciales, que la Compagnie Müller, jalouse d'entrer dans les vues du Gouvernement, et de lui prêter un puissant secours, lui a offert :

1°. De fabriquer dans le plus court délai, une nouvelle monnoie de *Billon blanc*, plus commode et plus parfaite, pour suppléer, par ce nouveau signe métallique, au besoin des appoints dans les transactions journalières.

2°. D'avancer au Gouvernement, pour cette fabrication, jusqu'à la concurrence de *45 à 50 millions en numéraire*.

3°. De relever ainsi, *certainement*, le crédit des mandats, et de tous les autres papiers-monnoie, en les échangeant à *Bureau ouvert*, contre ces valeurs réelles, dans *onze Caisses mesurées*, et dans un plus grand nombre s'il était nécessaire, tant à Paris que dans les Départemens.

4°. De se réduire, dans ces opérations importantes, savoir : à 10 p. 100 pour tous ses faux-frais et avances de *Lingots* dans la fabrication du *Billon*, et à 2 p. 100 pour tous les frais des *Caisses d'émission*.

Voilà quelles ont été les propositions, *dignes de quelqu'attention*, faites par une Compagnie, qui depuis deux mois est obligée, pour attendre une décision, de tenir oisifs des fonds considérables qu'elle consacrait au maintien des opérations du Gouvernement.

Voilà les intentions pures qu'elle a manifestées, et qui n'ont pas manqué d'être aussi-tôt calomniées dans un Mémoire *anonyme* que l'on a eu la générosité de colporter dans les deux Conseils, et dans lequel, au lieu d'énoncer des faits, la malveillance qui veille soigneusement à la conservation du désordre, n'a cherché à répandre de la défaveur sur le plan proposé, qu'en se livrant à quelques personnalités.

Le Législateur sera plus juste.

Il reconnaîtra que les propositions faites par la *Compagnie Müller*, ont déja présenté des résultats utiles bien *constatés*.

Que le nouveau procédé dont elle offre les avantages, donnera peut-être, sur la fabrication des monnoies, des éclaircissemens importans que l'on n'éludera pas, avec une misérable imputation de *charlatannerie*.

Que si le Législateur a été trompé, ou s'est trompé jusqu'ici dans quelques dispositions sur cette importante fabrication, ce n'est pas lui *manquer de respect*, que de lui faire connaître cette erreur, et de lui fournir l'occasion de revenir sur ses pas, comme il n'a jamais manqué de le faire généreusement, quand il a été frappé de quelque grande vérité.

Qu'enfin, l'objet proposé par la *Compagnie Müller*, est d'une trop haute importance pour être *écarté* légèrement par quelques *clabauderies*, et pour ne pas être *discuté en plein Conseil* avec toute l'attention digne des soins vigilans des Représentans chargés des intérêts d'un grand peuple, qui, malgré ses victoires et ses longs sacrifices, languit dans le plus cruel état de souffrance et de privations.

C'est pour mettre les deux Conseils à même de prononcer plus sûrement sur des propositions qui méritent son examen approfondi, que, sans nous arrêter aux allégations mal-adroites ou ridicules de quelques *malveillans*, nous allons nous contenter de répondre aux objections sages, faites de bonne foi par des personnes qui n'ont cherché qu'à s'éclairer ; et nous ferons précéder ces réponses de quelques développemens nécessaires sur les différentes parties du Plan qui a été présenté.

Ce Plan peut être considéré sous trois aspects différens ;

La fabrication d'un nouveau Billon en petites pièces de monnoie pour le besoin urgent des échanges dans le commerce.

Les avances considérables à faire pour cette fabrication en lingots d'argent.

Enfin, l'ouverture des onze caisses pour la prompte émission de cette monnoie, et pour l'échange *à bureau ouvert* du papier-monnoie, contre ces *valeurs réelles.*

Nous allons exposer séparément les avantages de chacune de ces parties essentielles du plan ; mais en les envisageant dans leur ensemble, il est évident qu'elles doivent être, avant tout, considérées comme une *opération de Gouvernement*, dont l'utilité doit être calculée sous le point de vue politique de l'intérêt général de la République, d'après les circonstances critiques où elle se trouve.

Nouveau Billon blanc.

1°. Le métal proposé a le son, la blancheur et l'éclat de l'argent ; il en a la ductilité, et plus de solidité dans l'emploi journalier ; parce qu'il est beaucoup plus compact, et qu'il se détériore moins par le frottement : objet de très-grande considération (1).

2°. Il n'est point sujet à rougir, sa blancheur étant la même en dedans qu'au dehors ; et le Lycée des Arts, en couronnant cette invention, s'est convaincu que s'il est vrai de dire, *qu'il n'est rien que l'Art ne vienne à bout d'imiter* (2), le *Billon-Müller* a au moins deux avantages ; le premier, qui résulte des efforts que nombre d'Artistes, et même des *Savans*, ont vainement faits depuis long-temps pour découvrir son procédé ; ce qui fait présumer qu'il ne sera pas de si-tôt deviné. Le second qui est le plus désolant pour la malveillance, c'est que les proportions d'après lesquelles cette composition est fabriquée, ainsi que le bon emploi des matieres qu'elle contient, ne laisse plus au contrefacteur, tel qu'il soit, l'espoir d'un béné-

---

(1) Cette malheureuse tarre, le chancre des monnoies, tient si continuellement en garde contre elle, et les trésoriers et les banquiers, qu'ils ne manquent jamais de rendre compte de sa quantité, sur le revers de l'étiquette de leurs sacs de monnoie.

(2) L'un des Commissaires, connu par ses talens en Chymie, n'a jamais pû parvenir à le décomposer. Il est convenu de la qualité supérieure de ce Métal.

fice suffisant pour le déterminer, soit dans l'intérieur aux risques qu'il aurait à courir, soit dans l'étranger à l'avance des frais de transport qu'il devra ajouter à ces risques, pour en introduire une quantité qui puisse le dédommager.

3°. Les nouveaux moyens que la Compagnie *Müller* compte employer, présentent dans la fabrication des monnoies une économie jusqu'ici ignorée. Ils pourront éclairer le Gouvernement sur les moyens de perfectionner à l'avenir cette importante fabrication, dans laquelle jusqu'ici tant d'erreurs et de fautes graves ont été commises par de Savans *théoriciens*, qui ont négligé de consulter les *pauvres Praticiens*, au grand détriment de la Nation (3).

4°. Après les essais les plus rigoureux faits par les commissaires du Lycée des Arts, et renouvellés à la monnoie en présence de la Commission des Cinq-Cents, ce métal a été reconnu si parfait, qu'on a même proposé de ne pas le

(3) Il seroit aisé de prouver mathématiquement, à ces *théoriciens*, que le décret du 16 Vendémiaire an 2ᵉ. sur l'organisation des monnoies Républicaines, est inexécutable ; et la fraction que l'on a été forcé d'ajouter à la piece de cinq francs, est la plus grande preuve de l'impéritie avec laquelle elle a été frappée. (Voyez l'excellent Mémoire de Lhuillier).

présenter comme *Billon*; son titre approchant de très-près celui des pièces de 15 et de 30 sols dont il surpasse la blancheur, le son et la solidité.

5°. Enfin, sa fabrication sera soumise aux mêmes formalités, à la même surveillance que toutes les autres monnoies; et toutes les proportions du fin et de l'alliage devant être déterminées par la loi, toute erreur ou prévarication à cet égard deviennent impossibles.

Nota. Ces cinq points essentiels ont été vérifiés, et sont avoués par la Commission spéciale, après les essais faits à la monnoie.

Avances du Lingot, nécessaires.

Dans un moment où le Gouvernement, obligé à des sacrifices sans bornes pour satisfaire à l'avidité des agioteurs, fait acheter l'or et l'argent sur la place aux prix les plus dispendieux, la Compagnie *Müller* a offert de fournir aux avances de tout le lingot nécessaire, tant pour la fabrication du nouveau Billon, que pour le service des onze caisses; service évalué au moins de 45 à 50 millions; sans autre prix de ces avances et faux-frais indispensables, dépenses de régie et autres, que les 10 pour 100 stipulés page 4, art. 2 (4). Elle a même annoncé que ces avances seraient portées plus loin, suivant les besoins du Gouvernement; mais elle *s'est réservé expressément cette fabrication*, non-seulement parce qu'à elle seule appartient l'exercice d'une industrie nouvelle qui est *sa propriété*; mais encore, ainsi qu'elle ne craint pas de le déclarer franchement, *afin de se ménager la confiance de ses commettans, qui, si la fabrication sortait de ses mains, cesseraient de la servir de leur crédit.*

Utilité de cette fabrication combinée avec l'ouverture des onze caisses pour la prompte émission du Billon.

Ce sont les avantages de ces deux opérations réunies, qu'il faut calculer pour en bien juger l'utilité.

1°. L'émission d'un signe d'échange pour les appoints dans les transactions journalières, est

---

(4) On n'oubliera pas que ces 10 p. 100 sont supportés par le Billon, et qu'ainsi ils ne sont nullement à charge à la Nation : voyez page 16 la réponse aux objections faites contre cette manière de calculer le Billon.

un besoin primaire, dont il est impossible de ne pas sentir la nécessité. (5)

La fabrication du cuivre est trop lente, et elle est totalement manquée ; (6) le peuple n'est plus assez ignorant, ou crédule, pour attacher la même valeur à une pièce qui n'a pas le tiers de la pésanteur et de la grandeur de celles dont il a encore la comparaison sous ses yeux, et qui déja n'avaient pas la valeur intrinsèque du métal qui les composait.

D'ailleurs, les pièces de cuivre sont trop incommodes par leur volume ; et elles présentent des appoints trop petits ; il faut nécessairement un intermédiaire entre elles et les pièces *d'argent* : c'est le *billon* que nous proposons.--Cet intermédiaire sera si pur, qu'il présentera en *fin*, une *valeur intrinsèque* de plus de 80 pour 100; et certes jamais Billon plus parfait n'a été émis dans *la circulation intérieure à laquelle seule il est destiné*.

2°. C'est à l'aide de ce *Billon*, que la *Compagnie Müller* offre d'ouvrir à Paris et dans les Départemens *onze Caisses mesurées*, pour la prompte émission de cette petite monnoie.

---

(5) Dans les premiers momens de la fabrication des sols de métal de cloche, il n'y avait pas un débitant de Paris, à qui il n'en coûtât 8 ou 10 liv. par jour pour se procurer cette mauvaise monnoie.

(6) Voyez la rép. à la premiere objection.

Enfin, elle propose d'y échanger *à Bureau ouvert*, tous les jours, depuis neuf jusqu'à trois heures, tous les papiers-monnoie, *moitié en monnoie Billon, et moitié en pièces de cinq francs républicains*, toujours à 10 pour 100 au-dessous du cours de la place.

De cette manière, voici le Tableau qui démontre, dans chaque chance, le bénéfice que le Public fera, et la nécessité absolue que le papier se rapproche sur-le-champ de sa vraie valeur.

Perte.	*Cours de la Bourse.* liv. liv.	*Cours des Caisses.*	*Valeur réelle intrinsèque, que le Public recevrait,*
à 80 p. 100..	100 valent 20	70 p. 100. 100 valent 30	.... 27.
70 *id.*	. . *id.* 30	60 *id.* . . *id.* 40	.... 36.
60	 40	50 50	.... 45.
50	 50	40 60	.... 54.
40	 60	30 70	.... 63.
30	 70	20 80	.... 72.
20	 80	10 90	.... 81.

Ce tableau prouve mathématiquement, la maniere dont successivement, et dans le plus court délai, le *mandat* (par exemple) serait ramené à sa vraie valeur ; et ce que le Gouvernement aurait épargné depuis que des payemens énormes, *évalués en myriagrames*, se font sur le pied de la perte que ce papier éprouve sur la place ; etc.....

Mais on n'avait pas besoin de ce tableau, pour sentir que toutes les fois que l'on échangera, à bureau ouvert, un papier qui n'a aucune valeur intrinsèque, contre une monnoie qui a sa valeur réelle, ce papier prendra nécessairement, *au moins* le niveau de cette derniere.

Eh-bien ! supposé que le mandat ne puisse être ramené ainsi, qu'à 20 pour 100 de perte, au lieu de 97 qu'il a déja perdu ; alors, sur deux milliards quatre cens millions, c'est *bien évidemment* 77 pour 100 qu'il aura gagné, ou 18 cens 48 millions, valeur numérique !

Mais, dira-t-on, qui supportera la perte des 10 pour 100 de *plus-valeur* donnée pour l'échange du papier-monnoie ? Ce n'est pas certainement la Compagnie ?

Non : ce sera le Gouvernement, qui pour cette opération n'aura pas dix millions à dépenser, sur les 18 cens 48 millions dont il bénéficiera ; et s'il a quelqu'inquiétude à cet égard, la Compagnie s'abonnera avec lui *à forfait*, pour moins de *six millions*, à ses risques et périls.

C'est d'après les trois bâses ci-dessus, que la Compagnie Müller a proposé le projet de loi ci-après.

Projet de Loi.

Art. 1er. Le Directoire-Exécutif est autorisé à traiter avec la Maison Müller et Compagnie, pour la fabrication des pièces de 10 et 5 sols, (5 décimes et 25 centimes) en monnoie *billon*, qui sera frappée au coin de la République, avec les précautions et de la même manière que les autres monnoies.

Art. 2. Cette monnoie sera fabriquée à la taille de. . . . etc.

Art. 3. Les proportions entre le fin et l'alliage, seront de.... (Elles ont été fixées un *peu plus bas* que celles des pièces de 15 et de 30 sols, mais il y a peu de différence,) et le Directoire-Exécutif en fera surveiller la fabrication, de manière à en assurer le titre invariable.

Art. 4. Ces pièces de nouvelle monnoie seront reçues pour comptant dans toutes les caisses de la République, jusqu'à la concurrence de 100 francs, et seulement dans la proportion de 5 pour 100 dans les payemens au-dessus de 100 francs.

Art. 5. Le Directoire-Exécutif est autorisé à mettre à la disposition de la Compagnie *Müller* les atteliers nécessaires. . . . etc. . .

Art. 6. Et pour émettre plus promptement

cette petite monnoie, la Compagnie Müller est autorisée à ouvrir à Paris et dans les Départemens, tel nombre de *Caisses mesurées* qui sera estimé nécessaire, pour que le service soit fait *à Bureau ouvert*, dans la forme et sous les conditions qui seront reglées par le Directoire-Exécutif.

D'après ce projet de loi, on voit que la Compagnie Müller a appellé sur elle la surveillance la plus rigoureuse; et comme nous l'avons dit, qu'il n'y a dans cette grande opération, ni erreur, ni *prévarication possible*.

Nous laissons au Législateur le soin d'apprécier les allégations à l'aide desquelles on a voulu jetter de la défaveur sur des opérations aussi claires que précises. Lorsque les efforts combinés de l'agiotage et de la malveillance ont amené le Gouvernement à une telle incertitude dans les payemens, que de tous côtés les fournisseurs sont forcés de retirer leurs soumissions; lorsqu'il existe aujourd'hui tant de moyens de placer son argent au plus haut dégré d'intérêt; il faut l'avouer de bonne-foi, ce n'est pas par des *personnalités* qu'on peut faire soupçonner le zèle d'une Compagnie, qui offre de faire à la République des avances immenses, à compte desquelles elle commence par mettre en avant cinq ou six millions en numéraire.

Il nous reste à répondre aux réflexions sages qui nous ont été faites, et que nous sommes bien loin de confondre avec les fausses imputations qu'on a prétendu donner pour des objections.

PREMIERE OBJECTION.

Doit-on admettre une monnoie-billon? et n'est-ce pas tromper la Nation que de lui donner un signe d'échange dont la valeur nominale est différente de la valeur intrinsèque?

RÉPONSE. — Cette question est résolue par le fait, puisqu'il existe déjà *une monnoie de cuivre* dans une proportion de valeur intrinsèque, fort inférieure à celle du *billon-Müller* (7); mais cette question importante mérite d'être approfondie.

Il n'est presque point de Nation qui n'ait une *monnoie-billon*, c'est-à-dire une monnoie dont le titre est plus bas que celui de l'argent, et cette précaution est nécessaire pour que ce signe d'échange ne disparoisse pas de la circulation.

Le *billon* est indispensable pour les transactions dans le commerce journalier; il a été représenté en France depuis la Révolution par les

(7) Les nouvelles pièces de cuivre de 5 centimes étant à la taille de 100 à la livre, ne présentent pas une valeur intrinsèque de 20 pour 100 de leur valeur nominale; tandis que la monnoie de billon proposée, aurait 80 p. 100 de valeur intrinsèque.

petites coupures d'assignats, (8) dont, suivant *un rapport fait à la Convention*, la seule fabrication annuelle coûtoit à la Nation *trois millions cinq cents mille livres.*

L'abus qu'on a fait souvent de cette ressource, a toujours été calculé sur le besoin absolu qu'on en a dans le commerce ; mais cet abus n'a existé que de la part des Rois, qui s'en sont approprié tout le profit, aux dépens des peuples auxquels ils ne présentoient quelquefois que le 32e. de la valeur d'une piece dont ils leur faisaient payer la totalité ! (9)

Mais aujourd'hui c'est toute autre chose ! c'est la Nation elle-même qui s'administre, et qui a le droit incontestable de fixer à son gré le signe d'échange dont elle veut *convenir* de se servir.— Le moins coûteux, est pour elle le plus profitable, puisque c'est elle qui en fait les frais (10);

---

(8) C'est le besoin urgent de ces signes d'appoints, qui a créé de lui-même en 1792, la caisse de secours et les caisses patriotiques ; et l'on peut juger de la nature de ce besoin par l'avidité avec laquelle on a vu ces petites coupures, recherchées et enlevées par le public, *quoiqu'elles n'eussent aucune valeur intrinsèque* ou garantie probable.

(9) La pièce de 2 sols de l'ancien régime n'était *que blanchie*, et ne contenait pas pour plus d'un liard de cuivre, valeur intrinsèque.

(10) Lorsqu'un peuple convient d'attacher une valeur représentative à un morceau de *cuir*, ou à un *coquillage*, dira-t'on qu'il cherche à tromper ?

et, bien impolitique ou bien mal-adroit administrateur des droits d'une Nation, serait celui, qui, chargé de fabriquer en son nom un signe monétaire en matiere d'argent, aurait l'ignorante et fausse délicatesse de ne donner à cette monnoie que la valeur fixe du *fin* qui y serait contenu, et de mettre en dehors le prix de l'alliage et les frais de fabrication qui tomberaient alors entièrement à la charge du Gouvernement dans l'acquit de ses transactions extérieures !

On peut juger, par exemple, quel serait le résultat de cette perte dans le tournant immense du commerce de la France avec l'étranger (11), et à quel point ce calcul ruineux augmenterait le véritable déficit, dans la balance commerciale, à la fin de chaque année.

Il résulte de ces observations deux principes incontestables ; le premier, que pour les appoints journaliers, le besoin d'un signe d'échange, qui ne puisse pas disparaître de la cir-

---

(11) Il est vraiment curieux de voir que la France paye aujourd'hui en dehors les frais de fabrication, ainsi que l'alliage de ses monnoies d'argent, et que, malgré cela, elle n'a pas pu parvenir à les accréditer ! encore, pour la balance exacte, elle a été obligée d'ajouter à celle de cinq francs, une fraction qui dépare entierement son système monétaire.

culation, nécessite une *monnoie-billon*; le second, qu'en général, les frais de fabrication d'une monnoie quelconque, doivent *au moins* être ajoutés à sa valeur intrinsèque pour exprimer sa *valeur nominale*, et que c'est cette seule précaution qui peut en empêcher la trop grande exportation.

Quant au *billon*, si on demande sur quel principe on doit asseoir sa fabrication, voici comment les vrais Artistes la calculent dans presque tous les Etats de l'Europe; 1°. c'est de faire en sorte que le bénéfice que l'on veut faire, ajouté aux frais de fabrication, et à la valeur intrinsèque du *fin* qui y est employé, soit tellement borné qu'il ne puisse plus offrir une spéculation suffisante soit à l'accapareur (12), soit au contrefacteur avide qui doit, en outre, calculer les peines et les dangers de la contre-

(12) Pourquoi la monnoie billon, telle que nous la proposons, ne doit-elle plus disparaître? -- c'est que dans le change journalier elle présente, par le besoin des appoints, un avantage qui fait que l'accapareur est nécessairement déterminé par le bénéfice qu'il trouve, à troquer la valeur intrinsèque de sa pièce, contre une marchandise quelconque: bénéfice qui serait perdu pour lui, s'il conservait sa monnoie, qu'il est d'ailleurs assuré de retrouver dans la circulation.

façon ; 2°. d'en fabriquer sur-le-champ la quantité qui est nécessaire pour le besoin entier de la circulation journaliere, et cette derniere doit être calculée sur un dixieme environ de la totalité du numéraire. (13) Voilà tout le secret de cette espece de monnoyage, (14) *art* pour le-

(13) Quand un pays est, si nous pouvons nous servir de ce terme, *saturé* de monnoie billon, alors elle est tellement rejettée dans les gros payemens, que le contrefacteur sent l'inutilité absolue de chercher à la contrefaire ; et l'usage de cette monnoie se trouve alors tout naturellement réduit aux petites transactions journalières du commerce.

(14) En vain veut-on persuader qu'une monnoie n'est jamais prise en définitif que pour sa *valeur intrinsèque*. Oui, cela est bon à la frontière, encore cela n'est pas exact ; elle y est toujours prise pour sa *valeur relative* avec l'argent de l'étranger. -- Ce calcul, au surplus, n'est vrai que pour l'acquit définitif de la balance commerciale, et un Gouvernement éclairé sait bientôt mettre cette balance à son avantage. -- Alors la monnoie obligée de refluer dans l'intérieur, reprend sa juste valeur dans les besoins de la circulation ; et sous ce point de vue, elle est dans le même cas que toutes les marchandises ouvrées. Leur prix se compose de celui des matieres premieres qui y sont employées et de celui de la main-d'œuvre (*) ; excepté, que pour une monnoie quelconque, il faut ajouter l'évaluation *du droit de souveraineté*, attribué par-tout à celui qui bat cette monnoie, et pour lequel il a droit de calculer un bénéfice modéré, qui va à la décharge des dépenses nécessaires pour gouverner.

(*) Cette évaluation est si naturellement déterminée dans le commerce par le besoin de la monnoie, qu'aujourd'hui même, quand l'ordre général est entièrement interverti, le prix du lingot est infiniment plus bas que celui de l'argent monnoyé.

quel on ne sait quel préjugé a fait imaginer qu'il fallait une classe *privilégiée de Savans*, tandis qu'il n'est question que *d'avoir des agens fidèles* !-Cette opération est si simple, si facile, qu'on ne voit pas où est la nécessité de faire de si *gros frais* pour établir une fabrication sur laquelle, au surplus, la Compagnie *Müller présente une économie si évidente*, que le Gouvernement sera bientôt à même de l'apprécier et de la prendre pour comparaison dans cette partie importante de son administration (15).

Deuxieme Objection.

Le feu Roi de Prusse a voulu se servir de Billon ; mais il a été obligé d'y renoncer.

Réponse. -- Le fait n'est point exact ; obligé de soutenir une guerre difficile, et dont les frais excédaient les ressources nationales de son pays, feu Fréderic, maître de la Saxe, fut réduit à

(15) La Compagnie n'en a fait aucun mystère à la Commission nommée par les 500 ; et sans dévoiler le procédé, qui aujourd'hui est encore la *propriété* de l'artiste Müller, le Rapporteur est en état de faire au moins pressentir la vérité !

frapper du Billon au coin de l'Electeur, même au-dessous du titre adopté; il voulut ensuite payer ses troupes avec cette monnoie, et c'est cela seulement qui excita des plaintes si vives, qu'il fut obligé de renoncer à cette mesure commandée sans doute par la nécéssité.

Mais ce n'est pas sur un pareil exemple, qu'il faut juger l'emploi d'une monnoie de Billon. Nous en avons toujours eu, et jamais elles n'a excité des plaintes. Les frais de la dernière campagne des Autrichiens ont été supportés pour la plus grande partie, par une fabrication de plus de 40 *millions de florins en Billon*, dont l'émission a été regardée comme un *impôt* indirect, de la perception la plus égale et la plus insensible; et il n'a excité aucune réclamation.

Troisieme Objection.

N'y a-t'il point du danger à charger une Compagnie de frapper une monnoie?

Réponse. -- C'est comme si l'on demandait s'il y a du danger à avoir plusieurs atteliers monétaires.

Un *premier* attelier fabrique et continuera de fabriquer les pièces d'or et d'argent.--Un *deuxième* attelier fabriquera le *nouveau bil-*

lon, et la même surveillance étant établie sur le deuxieme comme sur le premier, on ne voit pas pourquoi celui-ci aurait droit à une confiance exclusive!

Dans le fait, toutes les monnoies des départemens, sont livrées à un seul directeur qui en est l'entrepreneur; elles n'ont pour surveillant qu'un seul Commissaire national, et la *Compagnie Müller* en se soumettant aux mêmes formes et régimes, se trouvera en outre sous la surveillance immédiate du Gouvernement.

QUATRIEME OBJECTION.

Comment accorder les Décrets avec l'échange du mandat, à dix pour cent au-dessous du cours, ainsi qu'on en fait la proposition?

RÉPONSE. -- Ce sera en calculant les avantages immenses de cet *échange*, et rapportant de bonne-foi une loi qui, de fait, est éludée de tout côté (16). Déja le Gouvernement lui-même est forcé à quantité de négociations *en valeurs représentatives! Le Bureau central* est forcé d'afficher le prix du pain et de la viande en *mandats*

(16) Le cours du mandat a été réduit à moins de 3 liv. pour 100; c'est-à-dire, qu'il a perdu jusqu'à 97 liv. malgré toutes les peines portées par les Décrets.

valeur relative des assignats ! C'est donc avouer hautement *un cours aux mandats*. D'après la derniere résolution sur le payement de l'impôt de l'an 4, le Conseil sera nécessairement amené à cette mesure que reclame l'intérêt général ; ou bien il sera réduit à anéantir dans peu ce nouveau papier-monnoie.-Puisqu'aucune loi possible ne peut le garantir de la perte que l'*opinion publique* lui fait éprouver sur la place, il vaut donc mieux le rendre entièrement à la liberté du commerce, et trouver le moyen de *ramener cette opinion* par la seule confiance et le crédit.- C'est ce que doivent procurer les *Caisses mesurées* qui sont proposées ; et c'est au Corps Législatif, ou plutôt c'est à la Commission qu'il a nommée *ad hoc*, à se bien convaincre de la certitude d'un résultat dont une discussion publique pourrait peut-être entraver le succès.

CINQUIEME OBJECTION.

Quand la Compagnie aura échangé les mandats, il faudra bien qu'elle en fasse emploi ; et alors elle les avilira pour s'en défaire ?

RÉPONSE. Cette objection est trop futile pour qu'on ait besoin d'y répondre sérieusement. Cependant elle a été faite, et il est nécessaire d'y répondre ici.

Quand un Marchand vend sa marchandise pour des mandats, il faut bien qu'il se défasse de ces mandats pour garnir de nouveau son magasin.

Peut-on présumer qu'alors il fera aucune opération qui puisse avilir le signe qu'il a entre ses mains pour payer plus cher la marchandise dont il faut qu'il se fournisse ?

Et de quoi vous inquiétez-vous, vous Gouvernement, puisque votre mandat aura repris son crédit, comme il a été prouvé page 12, et que le reste est aux risques et périls de la Compagnie ?

SIXIEME OBJECTION.

Ne doit-on pas craindre que la Compagnie, pour placer ses mandats, n'achète les pièces de 5 et de 6 francs ; et qu'au lieu de faire venir du lingot de l'étranger, elle ne les employe à faire de la monnoie-billon ?

RÉPONSE.-- La piece de six livres ne présente aucun avantage, puisque sa valeur nominale est à peu près en balance avec la valeur de l'argent fin, et que la différence de son titre serait absolument en perte pour le spéculateur.

Quant à la piece de cinq francs, si sa valeur

intrinsèque excede sa valeur nominale, c'est une faute dont peut profiter le premier spéculateur venu, qui en voudrait faire du lingot.

Mais, dans tous les cas, la Compagnie aura toujours meilleur marché à acheter du lingot tout fait, qu'à faire une semblable opération pour en obtenir.

Septieme Objection.

Si la Compagnie est composée de Citoyens animés d'un véritable patriotisme, pourquoi ne fait-elle pas au Gouvernement l'avance des 7 ou 8 millions numéraire qu'elle a, non pas à 10, mais à 20 pour 100, en faisant fabriquer son billon à la monnoie?

Réponse. -- C'est que pour l'opération proposée, ce n'est pas huit millions seulement qu'il faut, c'est 80 ou 100 millions numéraire, qu'elle entreprend peut-être de fournir successivement; et comme elle n'entend pas dépendre de la place de Paris, que c'est de l'étranger qu'elle attend le crédit dont elle a besoin; que si l'étranger dans ce moment avait la confiance nécessaire dans le Gouvernement, ce n'est pas à la Compagnie qu'il préférerait livrer. Il faut donc pour obliger la Nation, que la Compagnie fabrique *elle-même*,

Il faut qu'elle use *elle-même*, d'une industrie qui fonde la confiance de ses commettans.

Il faut enfin qu'elle émette *elle-même* sa monnoie, pour que ses commettans sachent qu'elle a toujours dans ses mains de quoi couvrir ses avances.

Son patriotisme est suffisamment prouvé, quand elle préfère d'employer ses fonds au profit de la Nation, dans une opération périlleuse, tandis qu'elle a mille autres moyens de les faire valoir *sans mesure de bénéfices*, et tandis qu'elle refuse des *offres étrangeres* pour porter cette industrie dans des pays qui n'en négligeraient pas les réels avantages.

HUITIEME OBJECTION.

En définitif, la Compagnie va faire des gains immenses !!

RÉPONSE. -- Suivant l'opération proposée et arrêtée définitivement à la monnoie, les bénéfices sur le billon se trouvent réduits à 10 pour 100, et ceux pour tous les frais des caisses mesurées sont convenus à 2 pour cent. -- Quelle est donc l'opération de commerce dans laquelle on peut se borner à un gain si modéré ?

Mais ne doit-on pas considérer, d'un autre

côté, quels sont les bénéfices de la Nation ?

1°. Elle épargne les frais de la fabrication des petites coupures de mandats évalués à plus de 3 millions 500 milles livres par an.

2°. C'est la Compagnie qui, pour ces 10 pour 100, lui fait l'avance de tont le fin qui lui est nécessaire, pour une fabrication qui doit assurer le service obligé des caisses mesurées, et cette avance s'élevera environ à 50 millions.

3°. Enfin, nous avons déja observé qu'au moyen des *caisses mesurées*, le mandat étant ramené *au moins* à la valeur intrinsèque de la monnoie Billon qui serait de 80 pour 100, présentera bientôt, comme on l'a vû page 13, un bénéfice de 18 cent 48 millions, en se bornant au calcul le plus rigoureux.

Nous observons enfin, que sur les 2 pour 100 que la Compagnie s'est réservés, pour l'exploitation des caisses mesurées, elles est obligée d'en supporter tous les frais.

Où sont donc les gains immenses que l'on présume à la Compagnie ? et ne doit-on pas au contraire lui savoir quelque gré, dans un moment aussi difficile que celui-ci, d'avoir assez de confiance dans le Gouvernement pour se mettre si fort en avant, dans une opération qui exigera une mise de fonds considérable ?

Que serait-ce si la Compagnie voulait répondre en calculant les bénéfices que l'agiotage fait actuellement sur le Gouvernement, et la nature des personnages qui s'enrichissent journellement de cette spéculation ? Que serait-ce si elle voulait examiner si ce n'est pas plutôt, parce qu'elle va fermer la porte à tant de dilapidations, qu'elle rencontre des oppositions dans ceux mêmes qui sont le plus intéressés à les perpétuer?

Ce qu'elle s'est contentée de prouver jusqu'à l'évidence, c'est qu'en opérant un bien réel, et se chargeant d'une très-grande opération, infiniment utile, sur-tout au milieu du discrédit actuel, il faut être de bien mauvaise humeur pour se récrier sur un bénéfice de 10 pour 100 pour le Billon, et sur 2 pour 100 pour tous les frais des caisses mesurées; sur-tout, lorsque l'on pense que le titre et le poids des pièces qu'elle fabriquera, étant invariablement déterminés, toutes les variations du prix du *fin* qu'elle est obligée de fournir, sont à ses risques et périls.

Voilà ce que nous pouvons déclarer de plus positif sur *le Billon-Müller* et sur les *Caisses mesurées* que nous demandons d'y ajouter au profit de la chose publique.

C'est d'après ces résultats, sans doute, que nos intentions seront jugées, et non sur les *clabauderies de l'ignorance*, ou sur des *motifs d'in-*

térêt particulier.--Aussi, telle est notre confiance dans le Législateur, que si, par des motifs que nous ne pouvons point deviner, nos propositions ne sont pas acceptées, nous sommes au moins certains que ce ne sera pas sans qu'il les ait pesées dans sa sagesse; et il n'en demeurera pas moins convaincu, que dans le Plan que nous avons proposé, *en offrant d'employer au bénéfice de la Nation des fonds considérables, un crédit immense et une industrie nouvelle, dont il nous seroit sans doute facile de trouver un emploi plus fructueux*, la préférence que nous nous empressons de donner à une opération dont le principal résultat est *l'utilité publique*, devient un sûr garant du prix que nous attachons à l'estime de *nos Concitoyens.*

A Paris, ce 29 Prairial, an quatre de la République Française.

MÜLLER ET COMPAGNIE.

De l'Imp. du LYCÉE DES ARTS, rue Croix-des-Petits-Champs, n°. 69.

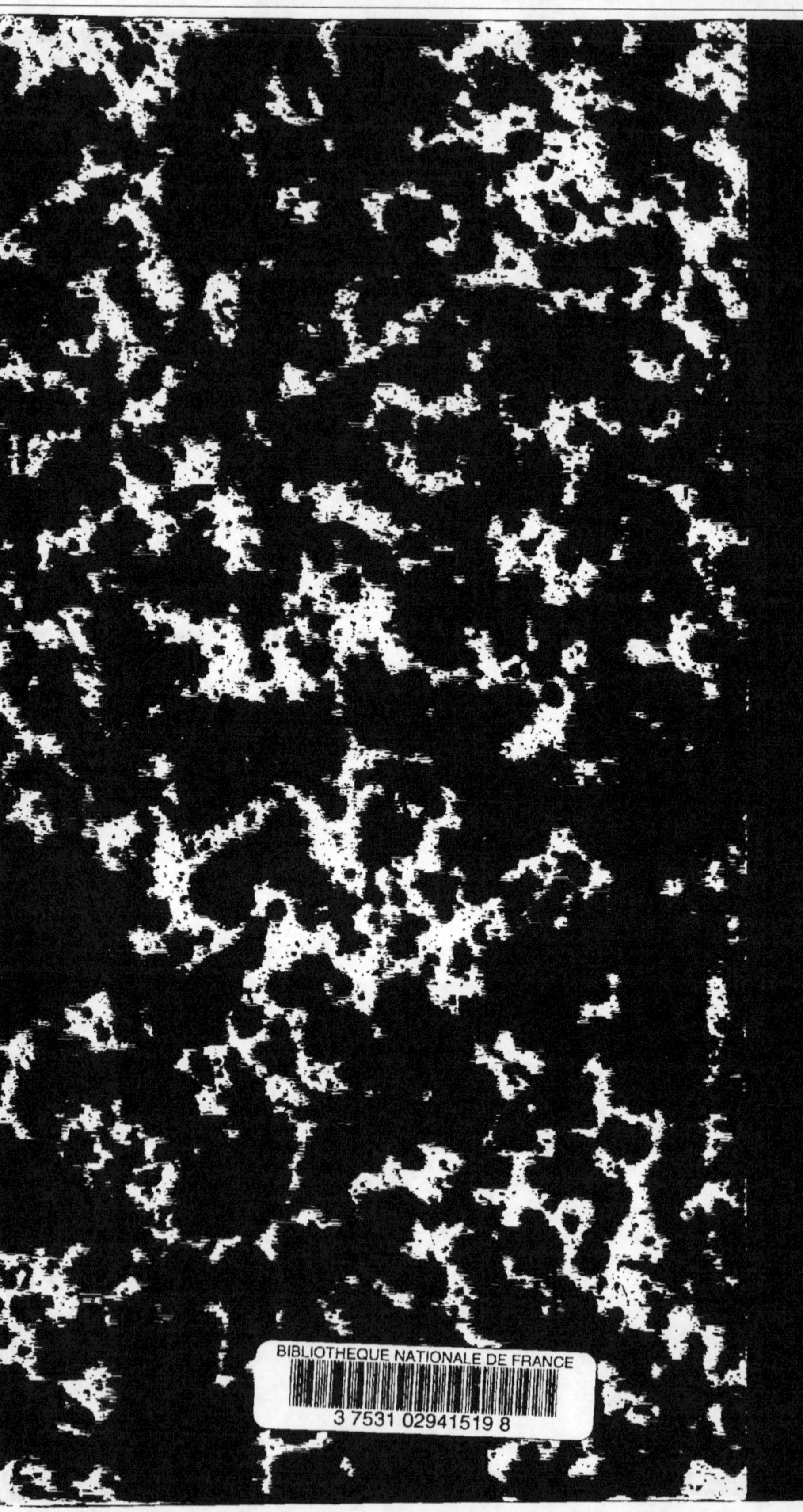

BIBLIOTHEQUE NATIONALE DE FRANCE
3 7531 02941519 8

www.ingramcontent.com/pod-product-compliance
Lightning Source LLC
LaVergne TN
LVHW020247230826
846091LV00006B/2288

* 9 7 8 2 0 1 3 3 7 0 4 9 3 *